140.

OBSERVATIONS GÉNÉRALES

SUR

LE GOUVERNEMENT ACTUEL,

Et sur la proclamation de Napoléon au peuple français, du 1er mars 1815.

DE LA CONVOCATION

DES COLLÉGES ÉLECTORAUX EN CHAMP DE MA*.

Extrait du Censeur, publié en vertu de la liberté de la presse, et saisi le 20 avril 1815.

Dans les derniers jours du mois de mars 1814, Paris a été livré aux puissances coalisées; ces puissances ont déclaré, avant que d'y entrer, qu'elles étaient prêtes à reconnaître le gouvernement que les Français voudraient se donner, mais qu'elles ne traiteraient jamais avec Napoléon, ni avec aucun des siens.

Le premier avril, le sénat s'est réuni et a établi un gouvernement provisoire. Le 3, il a prononcé la déchéance de l'empereur et de sa famille ; le même jour le corps législatif a adhéré a cet acte. Le 6, il a publié un projet de constitution par lequel *Louis-Stanislas-Xavier*, frère du dernier roi, a été appelé au trône de France. En même temps, Napoléon a abdiqué l'empire, pour lui et pour sa famille, et s'est retiré à l'île d'Elbe.

Louis-Stanislas-Xavier n'a point accepté la constitution ; mais, le 4 juin, il a déclaré, en présence du corps législatif et d'un grand nombre de sénateurs, que, *volontairement et par le libre exercice de son autorité royale, il accordait et concédait, faisait concession et octroi à ses sujets, tant pour lui que pour ses successeurs, d'une charte constitutionnelle*. Dans la même séance, le corps législatif, et les sénateurs qui y avaient été appelés, ont juré d'être fidèles à cette charte.

Cette nouvelle constitution, qui n'était en grande partie que le rétablissement des droits consacrés par nos assemblées nationales, a servi de base au gouvernement des Bourbons. C'est en exécution de ses dispositions que des lois ont été faites et exécutées ; que des impôts ont été établis et perçus ; que la justice a été rendue ; que des fonctionnaires publics ont été institués ou destitués ; enfin, que l'administration a été organisée, sans aucune opposition de la part du peuple ou de l'armée.

Cet ordre de choses subsistait depuis près d'une année, lorsque Napoléon a reparu sur le territoire français, accompagné des hommes qui l'avaient suivi dans son île. Il a repris le titre d'empereur des Français, et a déclaré que ce qui avait été fait sans nous était illégitime, et qu'il n'était aucune nation qui n'eût le droit de se soustraire au déshonneur d'obéir à un prince imposé par un ennemi momentanément victorieux.

Le gouvernement a envoyé vers lui des soldats pour le combattre; ces soldats ont passé sous ses drapeaux. Il a donc marché sur Paris sans rencontrer aucun obstacle. Les Bourbons, qui ont inutilement cherché un point d'appui capable de résister à l'armée, ont abandonné le trône, et sont sortis de France. Napoléon a ressaisi les rênes du gouvernement.

Dans une telle position, la première question qui se présente à l'esprit est celle de savoir quels sont les droits des hommes qui nous gouvernent. Napoléon, après sa déchéance, son abdication et l'établissement du gouvernement des Bourbons, a-t-il conservé ses droits à l'empire? s'il ne les a point conservés, les a-t-il reconquis par son apparition sur le territoire, et par le fait seul qu'il s'est mis à la tête du gouvernement?

Aujourd'hui, l'on proclame la souveraineté nationale; le conseil d'état lui-même, exposant les principes qui font, dit-il, la règle de ses opinions et de sa conduite, *reconnaît que la souveraineté réside dans le peuple, seule source légitime du pouvoir.* Nous croyons que cette profession de foi est sincère, et qu'elle n'a pas pour objet de tromper un peuple qu'on peut encore momentanément asservir, mais qu'on ne saurait plus abuser. C'est donc en partant de ce principe que nous allons examiner les questions que nous avons proposées.

Lorsque les armées coalisées sont entrées dans Paris, les Français étaient réduits à un tel état d'oppression, d'avilissement et de misère, qu'ils n'ont pas senti d'abord ce qu'avait d'humiliant la présence de leurs ennemis dans le sein de leur capitale. Le gouvernement impérial, qui pesait sur eux depuis si long-temps, s'est écroulé, et ils en ont vu la chute avec une joie unanime. Les anciens républicains, les votants même, qui avaient tout à craindre du retour des Bourbons, ont partagé à cet égard les sentiments de leurs concitoyens.

L'un de ces derniers, qu'on n'a jamais accusé ni de lâcheté ni de flatterie, a écrit : « Le » retour des Bourbons produisit en France » un enthousiasme universel ; ils furent ac- » cueillis avec une effusion de cœur inex- » primable ; les anciens républicains parta- » gèrent sincèrement les transports de la joie » commune. Napoléon les avait particulière- » ment tant opprimés, toutes les classes de » la société avaient tellement souffert, qu'il » ne se trouvait personne qui ne fût réel- » lement dans l'ivresse. » (Mémoire de M. Carnot.)

En proclamant le renversement du gouvernement impérial, le sénat et le corps législatif n'ont donc été que l'organe de l'opinion publique ; et c'est peut-être la première fois, depuis douze ans, qu'ils ont pris une délibération conforme aux vœux des citoyens. Si donc il est vrai que la souveraineté réside dans le peuple, comme l'a dit le Conseil d'État, il est incontestable que le gouvernement impérial a été légitimement renversé.

Il est au reste fort indifférent que Napoléon ait ou non abdiqué l'empire, et que son abdication ait été libre ou forcée; car, si l'on prétend qu'un gouvernement, après avoir détruit ou tenté de détruire toutes les garanties stipulées par le peuple qui s'est confié à lui, ne peut pas être renversé sans son propre consentement, on doit convenir que Louis XVI a toujours conservé la couronne de France, et qu'il l'a transmise à ceux de ses parents qui lui ont survécu.

La destruction du gouvernement impérial a été suivie du retour des Bourbons, qui se sont emparés de l'autorité par voie de fait, et sans avoir accepté les conditions sous lesquelles ils avaient été appelés. Mais ce que leur administration avait d'irrégulier a disparu quand la majorité des citoyens a accepté, au moins implicitement, la charte par laquelle la plupart des droits de la nation ont été rétablis et consacrés.

On dit cependant que, depuis le commencement de son règne jusqu'à la fin, Louis XVIII n'a pas cessé d'être un usurpateur; que la charte qu'il a dit avoir donnée est nulle, pour n'avoir pas été expressément acceptée par le peuple; et que toutes les lois qui ont été faites en conséquence, sont également frappées de nullité; en un mot, on veut effacer des fastes de notre histoire le gouvernement de Louis XVIII, comme les ministres de celui-ci auraient voulu en effacer tous les gouvernements qui avaient existé en France depuis le commencement de la révolution.

Lorsqu'après l'entrée des armées coalisées dans Paris, la municipalité de cette ville proclama le retour d'un *maitre légitime*, nous fûmes les premiers à écrire et à publier que « tant que les Français ne seraient pas tombés » dans le dernier degré d'abrutissement, ils » ne reconnaîtraient pour *roi légitime* que » celui dont le pouvoir serait fondé sur des » lois indépendantes de sa volonté, et approu- » vées par la nation. »

Depuis cette époque, nous n'avons cessé de soutenir la *légitimité* des divers gouvernements qui se sont succédé, toutes les fois qu'ils nous ont paru légitimes. Or, les mêmes raisons qui nous ont portés à défendre la légitimité du consulat et même de l'empire, nous portent à croire à la légitimité du gouvernement des Bourbons, depuis le moment où la charte a été acceptée, jusqu'à celui où une partie des citoyens se sont déclarés contre eux, et où les autres les ont abandonnés.

Qu'est-ce en effet que la charte constitutionnelle, si l'on en excepte le préambule et la date, qui sont deux sottises du chancelier Dambray ? C'est un acte qui ne constitue pas, mais qui constate les droits qui appartiennent au peuple français. C'est un acte par lequel on reconnaît qu'ils sont tous égaux devant la loi ; qu'ils doivent contribuer indistinctement, dans la proportion de leur fortune, aux charges de l'État ; qu'ils sont tous également admissibles aux emplois civils et militaires ; que leur liberté individuelle leur est garantie, et qu'ils ne peuvent être arrêtés ni poursuivis que dans les cas prévus par la loi et dans la forme qu'elle prescrit ; que chacun professe sa religion avec une égale liberté, et obtient pour son culte la même protection ; qu'ils peuvent librement imprimer et publier leurs opinions, sauf à en répondre devant les tribunaux, conformément aux lois ; que leurs propriétés sont inviolables ; que nul impôt ne peut être perçu qu'après avoir été consenti par les représentants de la nation ; que la conscription est abolie, et que le mode de recrutement de l'armée ne peut être déterminé que par une loi ; que la dette de l'État et les droits de l'armée sont garantis, et enfin que les ministres sont responsables.

Mais qui osera dire que ces droits, dont l'existence avait été reconnue par nos assemblées nationales avant qu'elles eussent été asservies, nous ont été imposés par la force, et que l'opinion publique les a repoussés ? Quoi ! C'est par la violence qu'on a maintenu l'égalité des droits ! C'est par la violence qu'on nous a imposé la liberté de la presse ! qu'on a rétabli, jusqu'à un certain point, la représentation nationale, et qu'on nous a garanti la sûreté de nos personnes et de nos biens ! C'est par la violence qu'on a consacré l'inamovibilité des juges, et qu'on a aboli la conscription ! C'est par la violence qu'on a imposé à l'armée une disposition portant que « les militaires en
» activité de service, les officiers et soldats
» en retraite, les veuves, les officiers et sol-
» dats pensionnés conserveraient leurs grades,
» honneurs et pensions ! » Étrange absurdité ! D'une part, on prétend que les Français n'ont pas adopté la charte ; et d'une autre, on affirme qu'ils ont expulsé ou abandonné les Bourbons, parce qu'ils ne voulaient pas l'exécuter franchement !

Cette charte était vicieuse, sans doute ; et c'est ce qui a causé la chute du gouvernement. Mais, au lieu de la détruire, corrigeons ce qu'elle a de défectueux. Fortifions la représentation nationale, en augmentant le nombre des députés, en introduisant parmi eux des hommes moins âgés, pris dans toutes les classes de la société, en leur rendant le droit exclusif d'élire leur président, en leur abandonnant l'initiative des lois, et en rendant leurs discussions publiques. Rendons la chambre des pairs indépendante, en exigeant de ses membres une fortune qui les dispense d'avoir recours aux faveurs du gouvernement, en déclarant qu'ils seront tous héréditaires par le seul fait de leur nomination, et qu'ils ne pourront remplir aucune fonction publique, si ce n'est celle de ministre.

Mais gardons-nous bien d'aller remettre en question les droits pour lesquels nous n'avons jamais cessé de combattre, et dont nous avons obtenu la reconnaissance de la pusillanimité du dernier gouvernement. Souvenons-nous qu'un peuple n'a de liberté que celle qu'il a su conquérir et défendre. Si nous souffrons aujourd'hui qu'on porte atteinte à nos droits, ou seulement qu'on les mette en discussion, sous prétexte que nous n'avons pas été libres sous les Bourbons, on pourra, par la même raison, nous contester un jour ceux dont on reconnaîtra l'existence dans les assemblées tenues sous le gouvernement de Napoléon. Enfin, nous ne pouvons pas, sans nous déshonorer, déclarer illégitimes les actes qui ont été faits sous le dernier gouvernement; puisque ce serait reconnaître que la nation toute entière a été tenue en servitude pendant près d'une année, par une poignée d'hommes sans talents et sans énergie.

Si la charte a été repoussée par l'opinion publique, ceux qui l'ont défendue, et qui se sont montrés les amis les plus ardents de la cause du peuple, ne sont plus que les complices d'un tyran, que des suppôts du despotisme, tandis que ceux qui l'ont constamment attaquée sont les véritables défenseurs des droits de la nation. Ainsi, l'opinion publique devra flétrir les Lanjuinais, les Flaugergues, les Raynouard, les Bedoch, les Durbach, les Benjamin-de-Constant; mais elle devra, au contraire, décerner des honneurs publics aux Barral, aux Feydel, aux Tuault, aux de Sacy, aux Falconnet, voire même aux rédacteurs de la Quotidienne! Les premiers auront défendu les œuvres de la tyrannie ; les seconds, en auront été les ennemis !

Ces absurdités ne seront pas les seules qu'il faudra dévorer. Il faudra admettre que toutes les lois qui ont été rendues, les jugements qui ont été prononcés, et les mariages qui ont été contractés pendant le cours de l'année, sont nuls de plein droit ; que tous les hommes qui ont servi le gouvernement renversé, et qui ont rempli, en son nom, des fonctions civiles ou militaires, ont trahi leur prince légitime ; que ceux qui, de quelque manière que ce soit, l'ont défendu quand il a été attaqué, sont des rebelles dignes du dernier supplice ; que tous les enfants qui naîtront des mariages faits pendant cette époque seront des bâtards, et leurs mères des concubines ; que les exécutions des condamnés sont des assassinats ; que les exécutions des jugements en matière civile, sont des vols ou des expoliations ; que les membres du sénat et du corps législatif qui ont prononcé la déchéance de l'Empereur, ainsi que les conseillers d'Etat, les magistrats, et les officiers de l'armée qui y ont adhéré, et qui sont par là devenus leurs complices, sont tous punissables de mort (1).

---

(1) Il paraît que le gouvernement actuel ne reconnaît

Les institutions ne sont pas faites pour les gouvernants; elles sont faites pour les gouvernés. On peut donc déplacer les hommes qui gouvernent, et en mettre d'autres à leur place, sans rien changer aux institutions ou à la forme du gouvernement; et c'est ce que doit faire tout peuple qui veut se fixer à quelque chose, et ne pas marcher de révolution en révolution. Mais ce n'est pas ainsi que nous agissons en France; nous nous conduisons comme des barbares, qui font consister toutes leurs garanties dans le choix de leur chef: comme eux, nous ne voyons qu'un individu, et nous oublions ou nous ne savons pas que de bonnes institutions avec un chef sans talents, sont préférables à un chef qui serait un homme de génie, et dont la volonté tiendrait lieu de lois.

Ce penchant à ne voir que des individus est toujours favorisé par les hommes qui s'emparent de l'autorité, et qui sacrifient l'intérêt des peuples à la vanité de donner une constitution au moyen de laquelle ils puissent ar-

---

la validité que d'une seule loi ; c'est celle qui établit des impôts. Les actes qui lui donnent de l'argent ou des hommes, sont toujours valables à ses yeux.

river à leurs fins. Ils ne voyent pas que le seul moyen de rendre les lois respectables, est de ne les changer que lorsque le besoin du changement se fait vivement sentir ; et qu'il vaut toujours mieux les corriger que de les renverser, ne dût-on, en les corrigeant, n'y laisser autre chose que le titre et la date. Quand on se borne à les corriger, on ne peut en ôter que ce qui est démontré vicieux ; mais, quand on les renverse, on détruit tout, et c'est ordinairement le moyen qu'emploient ceux qui veulent anéantir les bonnes dispositions pour ne reproduire que les mauvaises.

Nous ne pouvons donc pas, sans déshonneur et sans danger pour notre liberté, déclarer indistinctement nulles toutes les dispositions de la charte ; parce que ce serait convenir que notre opinion l'a repoussée, et nous ne pouvons convenir de cela sans avouer que, pendant onze mois, nous avons été des lâches et des traîtres qui n'avons cessé de mentir à notre conscience. D'ailleurs, avouer que nous avons rejeté toutes les dispositions de la charte, ce serait dire que nous avons rejeté la reconnaissance de nos droits les plus sacrés, et que nous avons désiré le maintien du despotisme.

Enfin, quand même il y aurait quelque vraisemblance à dire que, sans aucune force réelle, les Bourbons ont tenu l'armée et la France toute entière dans l'asservissement pendant onze mois, il n'appartiendrait qu'à la nation elle-même de reconnaître ce fait, par l'organe de ses représentans librement élus. Il est bien permis à chacun d'avouer qu'il n'a pas été libre sous les Bourbons, puisqu'il n'existe pas de loi qui interdise aux hommes de faire l'aveu de leur bassesse ou de leur lâcheté; mais aucune autorité en France n'a reçu du peuple français la mission de faire en son nom une déclaration semblable; et tant que ses représentans n'auront pas annullé les actes faits sous le gouvernement royal, nous serons fondés à les considérer comme valables. Que si les hommes qui tiennent aujourd'hui les rênes du gouvernement prétendent le contraire, il faut d'abord qu'ils nous prouvent, ou que la volonté de la nation ne doit être comptée pour rien, ou qu'ils ont reçu du peuple le mandat d'exprimer cette volonté; il faut qu'ils prouvent ensuite qu'ils sont propriétaires de la France, en vertu du droit divin, comme Louis XVIII, ou qu'ils cessent de percevoir les impôts consentis par la chambre des députés et par la chambre des pairs.

Les lois ne sont la propriété ni du chef du gouvernement, ni des hommes par l'organe desquels elles ont été faites; elles appartiennent à la nation entière, qui peut les conserver, en même temps qu'elle retire la confiance qu'elle avait donnée à ses mandataires. Il ne faudrait donc pas conclure des principes qui précèdent, que l'autorité royale en France réside encore dans les mains de Louis XVIII, puisque le peuple, en conservant les lois faites sous son règne, pourrait cependant ne plus vouloir de lui. Mais est-il vrai que l'opinion publique le repousse de notre territoire?

On ne peut contester que l'armée entière, et plusieurs villes de la France ne se soient formellement déclarées contre lui; ainsi voilà déjà une partie de la population dont l'opinion n'est point équivoque. On ne peut pas contester non plus que, dans quelques villes, on n'ait pris sa défense, et que, dans beaucoup d'autres, on ne soit resté indifférent sur les événemens, soit par peur, soit par égoïsme. Cela semblerait prouver que, dans l'état actuel des choses, il est impossible que sa famille se maintienne, puisqu'un grand nombre de Français la repoussent, et que les autres ne font point d'efforts pour la rappeler ou pour la maintenir.

Mais l'expulsion des Bourbons ne peut pas donner naissance à des droits en faveur d'un autre ; et de quelque manière qu'on envisage les choses, on ne peut s'empêcher de convenir que le gouvernement actuel n'est qu'un gouvernement provisoire, ou que le peuple français est la propriété du premier occupant. Et peu importe que Napoléon ait été proclamé empereur par l'armée et par les habitans des pays où il a passé ; peu importe que les puissances coalisées ayent ou non tenu les conventions qu'elles avaient faites avec lui. La France n'appartient ni aux soldats, ni aux habitans qui se sont trouvés sur la route de Cannes à Paris, ni aux armées coalisées. Si une fraction du peuple pouvait disposer de la couronne, bientôt il nous arriverait ce qui arriva au peuple romain après le règne des premiers empereurs ; nous n'aurions pour chef que des soldats, et la famille régnante serait égorgée dès qu'elle aurait cessé de plaire aux satellites dont elle se serait environnée.

Nous sommes loin, au reste, de prétendre que nous ne devons point obéissance aux hommes qui gouvernent actuellement, toutes les fois qu'ils commandent au nom des lois. Quand l'état est menacé, le premier devoir des citoyens est au contraire de se réunir autour d'un centre commun; parce que le pire des malheurs pour un peuple est l'envahissement de son territoire; et que tout peuple qui se divise quand le péril approche, marche infailliblement à sa ruine.

Nous pouvons nous être trompés dans le cours de cet article; mais si nous avons commis des erreurs, elles sont de nature à ne pouvoir être dissipées que par une assemblée des représentants du peuple, dont les délibérations soient dégagées de toute influence.

DE LA CONVOCATION
DES COLLÉGES ÉLECTORAUX
EN CHAMP DE MAI.

Un mouvement de troupes, approuvé ou non par le vœu secret des citoyens, force les Bourbons à sortir de France, et disperse les élémens de notre constitution politique ; cette opération militaire ne présente en elle-même aucun caractère légal. La nation, agissant autrement que par des votes réguliers, n'est point la nation ; c'est une armée, c'est une multitude plus ou moins nombreuse, dont les actes sont nuls de plein droit. Comment aurions-nous une constitution, quand nous n'avons d'autre pouvoir constitué que le pouvoir exécutif, et comment le pouvoir exécutif est-il constitué lui-même, quand il n'existe pas d'autre pouvoir ? Nous sommes donc, jusqu'ici, dans un état absolu d'anarchie. C'est une difficulté qui ne doit pas nous arrêter, mais qu'il faut avouer nettement, quand on veut parler de la souveraineté du peuple, et se faire écouter.

Mais aussi, nous ne devons jamais désespérer de faire sortir l'ordre du désordre même; telle a été de tout temps l'origine des gouvernemens les plus réguliers ; j'oserais presque dire qu'il n'en aurait jamais existé de tels, sans cette triste intervention de la force et des complots, tant il est rare et difficile d'obtenir dans leur pureté les actes fondamentaux du droit constitutionnel. Le droit n'est et ne peut être jamais l'ouvrage de la force, mais il vient presque toujours à sa suite ; témoins toutes nos assemblées nationales et le dernier gouvernement des Bourbons, reconnus de bonne foi par nous et par les nations étrangères.

Toujours est-il bien important de savoir où nous sommes, afin de savoir où nous allons ; de nous avouer franchement l'état d'anarchie où nous nous trouvons, afin de savoir quand nous aurons un gouvernement, et surtout de ne pas employer les formes légales . sans y attacher un sens rigoureux ; car c'est toujours par d'adroits contre-sens que commence le despotisme. Ainsi, il vaut mieux reconnaître, pour le moment, dans Napoléon, un dictateur élu spontanément et par acclamations, qu'un pouvoir constitutionnel seul, existant dans l'absence de tous les autres. Il vaudrait mieux, sans doute, que Napoléon nous eût donné ses décrets, dont la plupart sont des mesures législatives ou judiciaires, comme des actes de sa volonté propre, nécessaires, mais provisoires, en attendant la renaissance des pouvoirs législatifs, sans lesquels il n'en peut exister aucun à la rigueur, plutôt que de vouloir, à toute force, les entourer des formules légales, et les faire considérer comme des applications partielles de constitutions, dont il n'existe plus rien depuis long-temps.

C'est quand il est question de passer de cet état précaire et momentané à un état fixe et régulier, dont notre avenir dépend tout entier, c'est alors que nous devons observer sévèrement toutes les formes qui peuvent contribuer à mettre pour toujours notre liberté hors d'atteinte : à nous il appartient d'épier d'un œil jaloux les moindres irrégularités de ce grand contrat. Cet examen demande du sang-froid et de la précision dans nos démarches, c'est beaucoup exiger de nous.

Oh! s'il n'avait fallu, pour être libres, que chanter des hymnes de liberté, quel peuple que le peuple Français! Est-ce par des chants fanatiques, par de puériles déclamations, que l'on se prépare à établir solidement la garantie des droits et l'équilibre des pouvoirs? Laissons-là toutes ces parades révolutionnaires, et abordons sérieusement les grandes questions.

Nos chefs n'ont pas besoin de seconder ce fol et dangereux enthousiasme, si leurs intentions sont véritablement favorables à la liberté publique. Au point où en sont aujourd'hui les idées politiques, nous devons assez bien savoir ce que nous voulons pour en traiter avec calme et simplicité. La simplicité dans le ton et dans les démarches, c'est, de toutes les réformes du gouvernement impérial, celle qui pourrait nous inspirer le plus de confiance et de sécurité.

Quel est ce *champ de Mai* que l'on va former pour nous donner une constitution? Est-ce une assemblée de seigneurs feudataires qui viennent se réunir autour de leur suzerain pour soumettre à l'assemblée générale leurs démêlés particuliers, et pour régler en leur propre nom les *services* qu'ils se doivent les uns aux autres? rien de tout cela; c'est une réunion des colléges électoraux de nos départemens qu'il nous plaît de considérer comme représentans de la nation, que nous chargerons de faire, ou de défaire, d'abroger ou de sanctionner une charte constitutionnelle, et que nous invitons par occasion à la cérémonie où seront sacrés l'impératrice et le prince impérial. Cette dernière circonstance présente heureusement quelque analogie avec les occupations de nos anciennes assemblées du champ de mai, sans quoi l'on ne comprendrait absolument rien à cette bizarre dénomination ; mais il est singulier de voir cette haine de la féodalité que l'on nous a fait si bien sentir, emprunter (du moins en apparence) au régime féodal, l'une de ses formes les plus solennelles.

Passons sur le nom. De quel droit ces quelques milliers de citoyens viendront-ils imposer une constitution à la majorité des Français ? D'où vient que la souveraineté nationale est attribuée à des colléges électoraux, quand la nation elle-même ne peut pas, avec sûreté, conférer à une assemblée constituante, spéciale et régulièrement instituée, d'autres fonctions que de lui *soumettre des projets de constitution* ? Est-ce là reconnaître bien franchement la souveraineté du peuple ? Pourquoi, si vous voulez à toute force considérer des électeurs comme des représentans, ne pas du moins les charger de recevoir les instructions de ceux qui les ont élus eux-mêmes, et de porter à l'assemblée les cahiers de leurs départemens?

Mais ce qu'il y a de contraire à tous les principes, c'est qu'une constitution à la composition de laquelle nous aurons été également étrangers nous et nos représentans, soit portée toute faite par une commission du conseil de Napoléon à l'acceptation *définitive* d'une si petite partie de la nation. Ce fut à peu près ainsi que l'on se conduisit en 1804 ; on pourra bien suivre en tout la même marche, et nous faire signer individuellement, par manière d'acquit, une charte déjà en vigueur, comme à l'époque où Napoléon, proclamé par le sénat, invitait les citoyens, du haut de son trône, à consigner leurs votes sur la constitution impériale, dans les registres des municipalités.

Mais, dira-t-on, il ne s'agit pas de fonder une nouvelle constitution en France ; il n'est question que de quelques réformes partielles. Cela est vrai, si, comme on le doit pour notre honneur et pour notre sûreté, l'on reconnaît la validité de la charte. Mais cela est inexact, si l'on décide que ceux qui ont servi ou reconnu le gouvernement des Bourbons sont des traîtres et des complices d'un tyran ; car, dans ce cas, il faut faire une constitution nouvelle. Or, la nation a seule le droit de renouveler ses institutions, comme elle avait seule le droit de les créer.

D'ailleurs, une longue expérience ne nous a-t-elle pas suffisamment appris que ces réformes partielles et illégales faites aux constitutions, suffisent la plupart du temps pour les anéantir ou pour en changer la nature ? Si l'on ne veut que nous donner encore des *sénatus-consultes organiques*, ce n'est pas la peine de tant parler de liberté. Suspendons ces craintes peut-être exagérées ; mais espérons que l'on nous donnera une constitution assez complète pour n'avoir pas besoin de tous ces dangereux supplémens ; ou que du moins on aura, pour les faire au besoin, un mode plus sûr et plus légitime que les sénatus-consultes organiques, les décrets impériaux et les avis du conseil d'état.

Considérons maintenant l'assemblée du champ de mai en elle-même, et dans les garanties qu'elle offre à la nation dont elle doit régler en dernier ressort les plus hauts intérêts. Plusieurs fois, pendant l'année qui vient de s'écouler, on s'est plaint de la manière irrégulière dont les colléges électoraux sont formés.

On peut consulter en particulier, sur ce sujet, l'ouvrage de M. Benjamin de Constant, intitulé : *Les constitutions, etc.*, dans lequel il expose tous les vices de ces assemblées. Les deux chambres devaient déterminer par une loi particulière les moyens de réformer le mode des élections et les collèges électoraux. Que si la nation ne voyait qu'avec méfiance les fonctions politiques les plus ordinaires confiées à de pareils corps, comment veut-on qu'elle se repose facilement sur eux du soin de sa constitution? Si la propriété est la véritable base de toute représentation nationale, comment nous exposons-nous à être représentés par une majorité de non-propriétaires, en vertu d'un *sénatus-consulte organique*, pour ne rien dire de plus.........? Quand nous avons sujet d'appréhender un régime militaire, pourquoi faut-il que notre assemblée constituante soit composée en grande partie, et peut-être dans sa plus grande partie, de militaires ? Voilà des considérations sur lesquelles des citoyens qui, avant tout, veulent-être libres, ne sont nullement assurés, même en mettant à part leurs scrupules de doctrine.

Une fois l'assemblée réunie, comment cette immense multitude pourra-t-elle délibérer ? Le moyen d'établir une discussion régulière entre huit ou dix mille individus ! Quels poumons assez vigoureux pourront porter la voix de nos orateurs au deux extrémités du champ de Mars, que la vue peut atteindre à peine ? Sans doute c'est par correspondance ou par députés, que l'assemblée communiquera avec elle-même, et le moindre tour de scrutin exigera quelques heures d'inaction (1) ; ou plutôt il est à craindre que cette assemblée n'ait d'autre objet que d'étaler un appareil imposant, et d'accepter, *par acclamation*, une constitution *proposée*; de même que l'année dernière le sénat et le corps lé-

---

(1) L'on dit qu'un fameux mécanicien a déjà fait l'essai d'un porte-voix de nouvelle invention, et destiné à l'usage du champ de mai. Nous aimerions mieux le projet de quelques ingénieurs, qui ont proposé de construire la salle d'assemblée de manière à multiplier les voix dans toutes les parties de l'édifice par des échos habilement distribués.

gislatif acceptèrent, *par acclamation*, une charte *octroyée*. Cette réunion des assemblées électorales dans une même enceinte a excité encore d'autres méfiances que nous ne partageons pas, mais que nous ne blâmons pas non plus; car toutes les appréhensions sont permises dans l'intérêt de la liberté.

Celles que nous avons exprimées ne doivent pas faire croire que nous désespérions d'être libres. S'il en était ainsi, nous croirions n'avoir rien à dire; et voici une dernière réflexion qui nous tranquillise sur l'avenir plus que toute autre chose, et que nous offrons avec joie à nos lecteurs ; c'est que nos épreuves sont achevées maintenant, en fait de constitution ; c'est que nous ne sommes plus disposés à nous laisser séduire par des chimères, étourdir par des mots ou tromper par des phrases obscures ou équivoques ; c'est que nos idées politiques sont réduites et simplifiées : l'année dernière nous a été, à cet égard bien utile; enfin c'est que si l'on veut s'écarter, en quelque manière, de ces idées et de ces procédés si simples et si généralement compris, nous saurons cette fois y prendre garde.

Nous n'avons, dans cet article, considéré

le champ de mai que comme assemblée constituante; que si la nécessité des circonstances, l'urgence d'une guerre étrangère, en exigent la convocation pour d'autres fins que celle de nous donner une constitution, nous l'admettons volontiers comme une mesure de révolution et de salut public, mais non plus comme mesure d'organisation politique.

G. F.

BULLETIN.

—Le Nain Jaune est le seul de nos journaux qui ait aujourd'hui une physionomie particulière : il réunit la douceur et la gaîté de la *Quotidienne*, aux grâces et à l'esprit du *Journal Royal*..... Ah! doit-on hériter de ceux que l'on assassine ?

—L'ordre de l'Éteignoir étant tombé en même tems que l'ordre du Lys, ne serait-il pas possible de le remplacer par un autre qui, sans être moins avantageux au progrès des ténèbres, serait cependant plus analogue aux circonstances ? Il nous semble que l'orde du Sabre aurait évidemment ce double avantage.

— Un des rédacteurs du *Mercure*, qui naguère s'était constitué défenseur d'un grand ministre, accusait les rédacteurs du *Censeur* d'avoir mal raisonné dans la défense du général Ex...... Le plus fort de ses argumens était pris de ce qu'ils étaient des avocats *imberbes*. Cette idée lumineuse n'ayant pas été assez bien développée, l'auteur s'occupe, dit-on, d'un ouvrage qui satisfera mieux ses lecteurs, et qui, vu les circonstances, ne pourra manquer de faire une grande sensation : il a pour titre : *De l'influence de la moustache sur le raisonnement, et de la nécessité du sabre dans l'administration,*

— Qu'est-ce que la gloire ? Un lion qui fait trembler tous les animaux d'une contrée a-t-il de la gloire ? Un peuple misérable, qui ne sait pas se gouverner et qui ne peut inspirer à ses voisins que la terreur ou la haine, a-t-il de la gloire ? S'il est vrai que la gloire est exclusivement le partage des hommes qui se sont rendus célèbres par le bien qu'ils ont fait à leurs semblables, à quoi se réduit précisément la gloire d'un peuple conquérant? Ces questions seront sans doute résolues quand nous serons fatigués de parler sans savoir ce que nous disons.

— La bravoure considérée en elle-même, et abstraction faite de toute vertu morale, est-elle une qualité estimable? Celui qui brave la mort, sans utilité pour ses semblables, mérite-t-il l'estime des hommes? Mérite-t-il l'estime des hommes, celui qui brave les voyageurs pour leur enlever leur argent? Celui qui brave les mers pour faire des esclaves, ou qui brave des armées pour mettre des peuples en servitude? Nous abandonnons ces questions à la méditation des journalistes, qui ne cessent de nous parler de braves et de bravoure.

www.ingramcontent.com/pod-product-compliance
Lightning Source LLC
Chambersburg PA
CBHW071201240526
45470CB00017B/1224